Haydar Karaldi

Krieg und die Liebe

Gedichte

Bibliografische Information der Deutschen
Nationalbibliothek:
Die Deutsche Nationalbibliothek verzeichnet diese
Publikation in der Deutschen Nationalbibliografie;
detaillierte bibliografische Daten sind im Internet über
http://dnb.dnb.de abrufbar.

Bildmaterial: Mia Shirin Sommerfeld
Autorenfoto – aus dem privaten Bildarchiv des Autors

Herstellung und Verlag: BoD – Books on Demand,
Norderstedt

ISBN: 978-3-7528-8088-5

VORWORT

Es sind Gedichte. Sie tragen Stimmungen aus dem Inneren heraus, die von den Dingen erzählen, die den Sprechenden umtreiben, die ihn aufwühlen, die ihn zweifelnd machen, beobachtend, die ihn in seiner Stille ganz laut werden lassen, wenn sie ihren Ausdruck finden.

Es sind oftmals Gedichte, die konkret anklagen, benennen, hinweisen, etwas in Bewegung setzen können, weil sie auf den Punkt kommen; manchmal in einigen Strophen, und ja, manchmal nur in einem knappen Satz, der alles sagt. Es heißt immer: Ach, Gedichte! Kein Markt für Gedichte! Und genau diese Haltung bestärkt so viele Schreibende darin, grade das Mittel eines Gedichts zu wählen, weil es hierbei nicht möglich ist, in hunderten von Seiten auszuschweifen, sondern seine Botschaft präzise darzulegen: Das kann einleuchtend sein, das kann Angst einflößen, das kann beruhigen, und es kann in einem eine Erkenntnis auslösen, einmal für einen Moment ein Stück weiterzuschauen als sonst.

Manche schreiben aus purer Lust am Wort, manche schreiben aus dem Motiv einer Verarbeitung, und manche aus einem inneren Drang, seiner eigenen Welt einen Rahmen zu geben, ein Atmen, das jeden Hauch von Kreativität einfängt und nicht verloren gehen lässt. Das ist es, was man bei den hier vorliegenden Gedichten von Haydar Karaldi in seinem Lyrikdebüt "Krieg und die Liebe" vorfindet. Eine stetige Auseinandersetzung: mit sich, mit seinem Gegenüber, mit dem Bild einer Gesellschaft, die die Liebe verpönt, aber den Konsum und all ihre Auswirkungen im Inneren und im Äußeren auf einen hohen Sockel stellt. Ein Künstler, so ist meine Sicht, schreibt, malt, komponiert, inszeniert immer politisch, weil alles um uns herum politisch ist und einander bedingt, auch wenn wir es nicht immer gleich im ersten Blick erkennen oder uns dagegen streuben. Das ist zumindest, was mir in den nun auch Ihnen, liebe LeserInnen, erstmals gesammelten Texten von Haydar Karaldi begegnet. Es sind Gedichte. Aber es ist auch immer ein Einfangen von etwas, ein Beginn, ein Ende, oder ein Dazwischen, das nie versiegt.

Ben Kretlow, deutscher Schriftsteller,

am 05. + 06. Dezember 2020

Krieg...

Es wird Tage geben, an denen die Kinder

an Euren errichteten Grenzen

wieder Seilspringen werden

Scham

Heute kannst du zwar
deine Augen und Ohren
vor der Wahrheit verschließen und
deinen Mund geschlossen halten

dasselbe kannst du
natürlich morgen auch tun

Aber eines Tages
wird dir dein eigenes Kind
über den Kopf wachsen und
dir vor Scham ins Gesicht spucken

seine Vernunft
wird deinen Verstand überholen
seine Worte dich
in Verlegenheit bringen
seine Augen die deinen
ins Exil führen

Dann wird dich
Niemand mehr retten können und
du bleibst ein Gefangener deiner Einsamkeit

Roboski

Hey, Du Wolke! Mutter des Regens
Hey, Du Sonne! Hoffnung des Regenbogens
Hey, Du Mond! Seele der Sterne
Hey, Du Wind! Schatz des Feuers
Ja, Du Himmel! Genosse der Erde

Sagt mal
Was müssen wir noch tun
damit die Tage sich nicht
von den Menschen verabschieden

Stell dir vor

Stell dir vor
du bist ein Vogel und hast nur einen Flügel
versuchst zu fliegen
und Niemand gibt dir einen zweiten

Stell dir vor
es ist hell, aber kein Mensch sieht dich
und Niemand ist da
um dich aus deiner Finsternis zu befreien

Stell dir vor
du verbringst deine Zeit mit knurrendem Magen
auf der Suche nach Nahrung
und Keiner teilt mit dir sein Brot

Stell dir vor
du hast einen Ehemann, der dich nur sieht
wenn er seinen sexuellen Gelüsten nachkommen
will
und Niemand ist da
mit dem du reden kannst

Stell dir vor
du sprichst eine Sprache
die Niemand versteht
und Keiner zeigt Verständnis

Stell dir vor
Du hast viel Geld
aber keinen Menschen
mit dem du es teilen kannst

Stell dir vor
du hast einen Alptraum
aus dem du nicht erwachen kannst
und Niemand ist da
um dich zu wecken

Stell dir vor
Du bist ein Kind
erlebst den Krieg
und suchst verzweifelt nach deinen Eltern
Keiner ist da
um sie gemeinsam mit dir zu finden

Nun stell dir vor

du bekommst einen zweiten Flügel

Jemand schaltet für dich ein Licht an

du musst niemals hungrig sein

Menschen verstehen deine Sprache

du hast gute Freunde

und eine Familie, die für Dich da ist

Und nun stell dir vor, es gäbe keine Kriege

Die Herde

Sie folgen ihm
wie die Schafe ihrem Hirten
Sie lieben ihn
Bedingungslos

Und Er
Er liebt das Geld
liebt den Krieg
liebt die Macht

Ist Skrupellos

Im Moment gibt es keine Musik

keine Bücher

keinen Zettel oder Stift

Da auch Du im Moment nicht da bist

finde ich keinen Schlaf

und die Fragezeichen in meinen Gedanken

kämpfen mit meinem Herz

Dieses Mal werden wohl die Tränen siegen

Wandel des Lebens

Die Sonne trotzt
Die Gedanken und Worte der Menschen
suchen den Sinn des Lebens
Das Wetter erfriert in seiner Kälte
Das Meer trauert und versiegt
Die Narzissen hören auf
zu lieben
Die Bäume verlassen den Wald
Die Tiere vereinsamen
Die Pflanzen verlieren ihre Farbe
Der Regenbogen verblasst

Es gibt keinen Morgen

und ich stehe mit meiner Verzweiflung
allein' in der sternlosen Nacht

Ich habe Kummer
wer erträgt mich
Meine Augen sind voller Tränen
wer vergießt sie
Mein Herz trägt einen zerrissenen Satz in sich
wer flickt ihn zusammen
Ich verbringe schlaflose Nächte
wer tröstet meinen Verstand
Wenn ich nicht ICH selbst wäre
wer sonst rettet meine Zukunft

Wer weiß

Wer weiß, wohin die Kriegskinder gehen
in welche Hände sie fallen werden
wie viele Tage sie ohne Eltern und Geschwister
verbringen müssen
und wo sie schlafen und aufwachen werden
Wer weiß, wie viele Tode sie am Tag sterben
was sie über das Leben, den Tod, das "Paradies"
und die "Hölle" hören müssen
und wie stark ihre Gedanken manipuliert
werden
Wer weiß, wie viel Simit sie verkaufen und wie
viele Schuhe sie putzen müssen, um am Leben
zu bleiben
wie viele Tage sie müde und hungrig
verbringen
und wie viele Male sie noch Krieg erleben
und flüchten müssen
Wer weiß, mit welchem Schiff sie sich auf den
Weg in ein neues Leben begeben werden
an welchem Strand man ihre Körper findet
und wie viele von ihnen in Vergessenheit

geraten werden

Wer weiß, wie viele Male sie noch fotografiert
werden

und wie viele Fotografen sich danach das Leben
nehmen

Wer weiß, wie viele Male wir unsere Handys

aufladen müssen und dabei die Welt vergessen

Und wann uns unser unbefriedigtes Ego endlich
das Genick brechen wird

Wer weiß, wohin die Kriegskinder gehen

wer weiß

Verstecken

In der Kindheit spielten wir gerne Verstecken
Wenn man jemanden sah
aktivierte dies das Schreien
die Freude und das Laufen

Wir sind erwachsen geworden
und spielen immer noch Verstecken

Wir sehen und werden gesehen
ohne zu schreien
ohne Freude
und ohne zu laufen

Augenringe

Meine Augenringe
kennen Kummer und Sorgen
Müdigkeit und Erschöpfung
Sie sehen Hunger, Not und Krieg

Meine Augenringe
spiegeln die vier Jahreszeiten
aber sie erleben nur den Herbst

Meine Augenringe
verstehen in jeder Sprache
Hilflosigkeit und Einsamkeit
Sie sind lila, braun und schwarz

Meine Augenringe
sind wie ein Wasserfluss
doch keiner traut sich
darin zu baden

Sie kennen keinen Schlaf
doch sehnen sich danach

Der Mensch weiß, dass er in seinem Körper ein
Herz trägt

doch leider weiß er nicht

was sein Herz alles erträgt

Zwei Fronten

An einer Front
folgen die manipulierten Hirne
ihren Hirten, um die Freiheit der Menschen zu
rauben

An einer anderen Front
folgen die Menschen der Liebe
um die Existenz der Menschlichkeit zu behalten

An der einen geht die Sonne unter
An der anderen auf

Krieg

Ich höre Musik, doch kann nicht danach
tanzen
sehe Menschen, doch kann nicht mit ihnen
sprechen
Die Jahreszeiten ziehen an mir vorbei
ich kann sie nicht mehr riechen

Ich höre Wasser, doch kann es nicht trinken
sehe Kinder, doch kann mich nicht mit ihnen
freuen
Der Himmel verliert sein Blau
ich kann die Sterne nicht mehr sehen

Ich höre Stimmen, doch kann ihnen nicht
folgen
sehe den Weg, doch kann ihn nicht gehen
Die Träume verlassen mich
ich kann sie nicht mehr leben

Heimat

Der Himmel lässt seinen Körper
von ein paar Wolken kraulen
währenddessen die Sonne
ihre Strahlen von oben auf die Berge verteilt
ein Baum hält mit seinen Ästen
das Nest seines Mitbewohners fest und streichelt
mit seinem Schatten den Rücken
eines Ameisenhaufens
eine Hummel schnuppert
an einer Blüte, saugt den Nektar
und verteilt die Samen des Lebens
in seiner Umgebung
Alle haben ihre Heimat
nur der Mensch sucht verzweifelt
nach seinen Wurzeln

Vermisst

Mein Stift sucht die Spuren meiner Gedanken
Er zeichnet ein Fenster mit aufgezogenen
Gardinen
Ich ziehe sie beiseite
und schaue heraus
blicke in die Weite
und sehe den Sonnenuntergang

Der kalte Wind bläst mir ins Gesicht
Meine Hand zittert
Meine Gedanken versinken
Meine Tränen fließen
und ich schließe die klappernden Fensterläden
Mein Herz klopft

Wo bist du

Seit du fort bist, sind

alle meine Sinnesorgane im

Winterschlaf

Wenn ich eines Tages sterbe, mein Weggefährte
verbrenne meinen Körper
und puste die Asche nach Westen
vielleicht bleibe ich dort in einem Gedicht hängen
werde gelesen
und kehre im Frühling wieder

ich bin an einem Ort und
Weiß nicht, wo ich bin
sehe die Vögel, aber kann
ihr Zwitschern nicht hören
höre das Rauschen des Wassers
aber weiß nicht, in welche Richtung es fließt
ich laufe gedankenlos
auf dem steingepflasterten Weg
nur so und dorthin
wohin mein Körper mich führt
so bin ich ohne Dich
schwanke hin und her, als wäre
mein Frontalhirn deaktiviert

Erwachen

Der Wind bringt diejenigen dorthin
wonach sie sich sehnen
Die Straßen erzählen ihren Kummer denjenigen
die es verstehen
Der Himmel weint mit denjenigen
die mitfühlen
Die Berge klagen ihr Leid denjenigen
die Sehnsucht kennen
Die Liebe lässt sich in den Herzen derjenigen
nieder
die genießen können

Und Frieden findet seinen Weg zu den Mutigen
die ihn weitertragen

Der letzte Krieg

Ich möchte nicht
den letzten Frühling
den letzten Flirt
den letzten Tanz
den letzten Kuss
und auch nicht
die letzte Trennung erleben

Aber ich möchte
dass dieser Krieg
der letzte wird

Verloren

ich werde nie vergessen

unsere Verabredungen waren
immer in einem Park
an unserer Bank
im Schatten eines Baumes

unsere Herzen waren warm
unsere Lippen kannten keine Müdigkeit

damals lebten wir weit ab vom Krieg

und jetzt

der Park
die Bank
der Baum
der Schatten
sind nun nicht mehr da

übrig geblieben sind nur wir

Genieße die Zeit, in der Du gerade lebst

und beschütze den Fleck Erde

den Du am meisten liebst

damit die, die nach Dir sein werden

danach Sehnsucht haben können

Das Leben

Ich wusste nicht, was ich wollte

Verließ das Haus und reiste
Nach Osten, nach Westen
War auf dem Mount Everest, dem Lhotse, und dem
Munzur
Las die Bibel, den Koran, die Thora und Marx
Besuchte die Basilius-Kathedrale, die Blaue Mosche,
die Kotel, das Lumbini und Santa Clara
Schwamm im Mittelmeer, in der Nordsee, im
Atlantik
Sah Bilder von Auschwitz, Hiroshima und Shingal
Übernachtete in Flüchtlingslagern in Asien, Afrika
und Europa

Und wusste nicht, was ich wollte
Trank einen Schluck Wein und weinte
Beim nächsten lachte ich
Beim letzten Schluck wusste ich:

Ich wollte leben

... und die Liebe

Zufall

wenn ich an diesem Tag
nicht die Tür meiner Wohnung abgeschlossen
und meine Gedanken mitgenommen hätte

wenn ich mich nicht auf den Weg zu meinem
Auto gemacht
mich nicht mit meiner Nachbarin unterhalten
und dazu entschlossen hätte
mit dem Fahrrad zu fahren

und wenn ich nicht im Park einmal Pause
gemacht
eine Zeitung gekauft
und ein paar Seiten gelesen hätte

wenn ich das heimatlose, kurdische Kind nicht
gesehen
und mich nicht mit ihm unterhalten hätte

wenn ich das Vogelfutter nicht gekauft
und damit die Vögel gefüttert hätte

und wenn ich beim Aufstehen von der Parkbank
nicht das Zitat von Emile Zola „zilma ku gefan
li hemû civakê li dijî keseki ye" auf der Lehne
gelesen hätte

wenn ich den Laufwettbewerb zwischen einer
Mutter und ihrem Kind nicht beobachtet
und nach ein paar Minuten langsam weiter
gegangen wäre

wenn ich mich beim Weitergehen nicht
umgedreht hätte

also wenn dieser Tag nicht Samstag gewesen
wäre
hätte ich verpasst
dich in diesem Moment zu erblicken

und ich hätte mich nie in Dich verliebt

mein Körper steht halb im Regen

halb in der Sonne und

über mir ein Regenbogen

Du tanzt vor mir, meine Lieblingsmusik

im Hintergrund

wieder spüre ich den Konflikt in mir zwischen

Kopf und Herz

ich bin überwältigt

kneif mich

Gedanken entstehen

wachsen, vermehren sich

Sie flüstern mir ab und zu etwas ins Ohr

Auch wenn ich manchmal flüchte

und erfolglos einen gedankenleeren Platz

suche, folgen sie mir

begleiten mich in die Vergangenheit

in die Gegenwart und in die Zukunft

Und ich spüre immer wieder, dass ich da bin

wo ich sein muss

Das Leben ist schön

Begegnung

Als ich dich das erste Mal sah
konnte ich meine Blicke nicht abwenden
mein Verstand setzte aus
mein Herz spielte verrückt
ich hing an deinen Lippen
doch konnte ich deinen Sätzen nicht folgen

Alles, was ich sagen wollte
blieb auf meiner Zunge liegen
als ob die Zeit mich verlassen hatte
und dich mir zum Geschenk machte

Ich weiß

Ich bin ein Irrer

der in deinen Träumen herumwandert

Doch was soll ich tun

allein die Tage mit Dir reichen mir nicht

Du und Ich

Du könntest nicht sein wie ich
und ich auch nicht wie Du

Du erfreust Dich am Funkeln der Sterne
Ich fliege mit den Sternschnuppen
Du zählst die Blätter jedes Baumes
Ich zähle die Steine des Kopfsteinpflasters
Du fotografierst die Schönheit der Natur
Ich lasse sie auf mich wirken
Während du bei traurigen Filmen weinst
genieße ich die tragische Komik einer Szene

Du könntest nicht sein wie ich
und ich auch nicht wie du

Für Dich gibt es keinen Sommer ohne
Honigmelone
Für mich keinen ohne Kirschen
Bevorzugst du Bier im wohlverdienten
Feierabend

trinke ich lieber ein Glas Wein
Du lässt dich auf dem Wasser treiben
Ich lasse mich auf den Schnee fallen
Während Du die Nähe zu Anderen suchst
suche ich die Nähe deines Atems

Du könntest nicht sein wie ich
und ich auch nicht wie Du

Du sagst mir, dass Du mich liebst
Und ich liebe auch Dich

Pssst...leise
heute ist Sonntag
Ich sitze am Tisch und warte
warte auf Niemanden
nicht einmal auf besseres Wetter

Erwarte nur die Wehen meiner Gedanken
die nach der Geburt
ihr Gesicht auf einem Zettel zeigen
mich bewegen und
mit mir durch das Leben gehen

Liebe

Mein Schatz
seit ich in deinen blauen Augen versunken bin
sitze ich in deiner Abwesenheit am Strand
schaue auf das Meer
oder blicke in den Himmel

Ich warte
bis er frei von Wolken ist
In dem Moment erschreckt mich
weder die Tiefe des Meeres
noch die Weite des Himmels

Ein Lied

sing ein Lied mein Freund
aus der Tiefe deines Herzens
so dass alle Kinder der Welt
in den Armen ihrer Mütter Frühling
in den Armen ihrer Väter Sommer
in den Armen der Großeltern Herbst
und im Kreise der Freunde den Winter erleben
und nie mehr Sehnsucht nach der Liebe haben
müssen

sing ein Lied mein Freund
sing für uns

,,Du sollst Gedichte schreiben ", sagtest Du
ich sagte: ,,Ich kann schreiben..."
Denn ich weiß, wie es geht
aber wie soll ich schreiben
wenn meine Augen auf deine fixiert sind
und mein Herz auf deins
meine Hände halten deine Hände
anstatt des Stiftes
und verzichten auf das Berühren des Papiers
ich lausche lieber dem Rhythmus deines
Herzens und male unsere Erlebnisse
in mein Gedächtnis

vielleicht weiß Jede/r, dass Schreiben
eine Kunst ist

Aber Lieben auch

wenn ich Hunger habe, durstig bin
oder mich nach meinem Hobby sehne
dies alles kann ich kontrollieren
und ich weiß, hierbei bin ich stark

aber wenn meine wahnsinnige Sehnsucht nach
Dir jede Sekunde größer wird
wird mir schwindelig
und ich habe das Gefühl
sie nicht mehr stillen zu können
Hierbei bin ich zu schwach

doch meine Sehnsucht ist stark
wie meine Liebe

Mit Dir

mein Schatz

vergeht die Zeit

wie im Fluge

und ohne Dich... ebenso

Die Früchte deiner Gedanken

Das Meer in deinen Augen

Die Wärme deines Herzens

die Grübchen in deinem Gesicht

und auch deine Macken sind mein
Lebenselixier

„Wer die Rosen liebt, muss die Dornen ertragen"

Wenn ich gehe

Wenn ich gehe
pocht das Herz des Weges
pustet seinen Atem aus und
umarmt mich fest

Wenn ich die Augen schließe
sitze ich unter einem Baldachin
und träume von Dir

Dein Gesicht lacht
Deine Stimme baut eine Brücke zu meinem
Herzen

und ich kehre wieder zurück

Am Gipfel der Nacht

Rotwein trinkend

spüre ich die Sehnsucht nach deinem Gesicht

mit der Hoffnung auf das Morgenrot

Deine Grübchen sehend

Dich umarmend

und deine Lippen berührend

werde ich dem Takt des Tages folgen

„Die Hoffnung stirbt zuletzt"

im Dunkeln

am Himmel

hinter den Wolken

durchdringt eine Sternschnuppe ihr Licht

wie ein Wort in meiner Gedankengalaxie

Dich leuchtend zu mir zurückbringt

Hoffnungskeim

Lange war ich verloren
dachte, keiner hört mich
keiner sieht mich
und keiner berührt mich

wo ich war, wusste ich nicht
aber in meinen Ohren rauschte unentwegt
das Zitat von Brecht
„Will man Schweres bewältigen, muss man es
sich leicht machen"

ich stand auf
verließ die Dunkelheit
mein Bett, das Schlafzimmer

ich bin lange
auf der Schattenseite
des Lebens gereist

und dort gab es dich nicht
mich nicht
und auch kein "Uns"

endlich mein Schatz
bin ich wieder hier
reiche dir meine Hand
denn du hast lange auf mich gewartet

jetzt bin ich endlich bereit
mit deiner Hilfe mein Lachen wiederzufinden

in diesem paradiesischem Raum

mit überfüllten Wünschen des Egos

meinen Traum zu leben ist sehr schwer

Ich bin gefangen in der Gegenwart

Ich stelle mir Dein Gesicht vor

ich will Hoffnung tanken

die zur Freiheit führt

,,Die Hoffnung ist der Regenbogen über dem

herabstürzenden Bach des Lebens"

Umbruch

Ich werde lernen nicht mehr nachzudenken

Denn ich kann nicht in den Himmel schauen

ohne von Dir zu träumen

weil ich weiß, Du wirst fallen

Aber ich werde die Kraft finden

In den Himmel zu blicken

Von Dir zu träumen

und wenn Du fällst

Dich immer wieder aufzufangen

Verstand und Herz

Verstand

Heute muss ich stark sein
Da ich dich für meinen Kampf nicht brauche
werde ich nur meinen Worten folgen
und dich, mein Herz, ignorieren
Egal, wie laut du dich hören lässt
oder mich beim Nachdenken beeinflusst
Wie trotzig du mir gegenüber stehst
und mir die Augen rot färbst
Obwohl deine Emotionen mich hin und her
werfen
ich werde mich wehren

Heute muss ich stark sein
Da ich dich für meinen Kampf nicht brauche
werde ich nur meinen Worten folgen
Und dich, mein Herz ignorieren
Deine Form, deine Farbe und deine Wellen
werde ich nicht wahrnehmen
Heute, mein Herz

werde ich ohne Dich ein Stück weiter gehen
Ich werde die Kraft finden
dich, mein Herz, dort zulassen
dich überwinden
und mich zurückgewinnen

Herz
Heute, mein Verstand
lasse ich dich allein
Ich werde nicht laut sein
dich nicht beim Nachdenken stören
und nicht trotzig sein

Heute, mein Verstand
darfst du stark sein
Meine Form, meine Farbe und
meine Wellen werden heute still wie das Tote
Meer sein

Aber Deine Worte
mein Verstand
werden ohne mich keine Bedeutung haben

du fragst, ob ich wach bin

oh mein Schatz

wie kann ich ohne dich schlafen

hab schon mit Vokalen gedehnt

mit Wörtern gefrühstückt

und mich in den Sätzen ausgeruht

du fehlst mir

nun warte ich auf Dich

du bist wie der Rauch meines Tabaks
erst Lässt du mich an dich gewöhnen
bis ich nicht mehr ohne dich kann
und dann gehst du einfach fort

Du kannst gehen

ich werde Dir nicht hinterherrufen

auf Dich wütend sein

nach Dir Sehnsucht haben

oder Dich sogar hassen

ich werde nicht enttäuscht sein

schlaflose Nächte verbringen

mich sinnlos betrinken

oder durchgehend weinen

ich werde nicht ununterbrochen

unsere Lieblingssongs hören

Deine Bilder anstarren

Dir Nachrichten schicken

oder an unsere schönsten

Momente zurückdenken

Doch da ich Dich immer noch liebe

werde ich meine Gefühle unterdrücken und

weiterhin die Lügen aufrecht halten

Bitte geh' nicht

Sehnsucht

Seit du gegangen bist
dichtet der Himmel
und lässt seine Regenschauer
auf mich niederprasseln

Um Ruhe zu finden
suche ich eine Insel
die es nicht gibt

Stattdessen werde ich
auf den Schaumkronen der Emotionswellen
hin und her geworfen

Immer und immer wieder

Unvergessen

Da ich meine Sprache
mein Lachen
den Genuss meines Lebens
und die Spur meines Weges verlor
gelingt es mir nicht
Dich weiterhin zu lieben

Und so bleibe ich
an diesem Ort
zu dieser Zeit
und in Gedanken trotzdem nur bei Dir

Abschied

Du hattest mal gesagt:
,,Gib niemals auf"
damals war ich jung
als du gingst

Seitdem bin ich unterwegs
und habe den Sinn des Lebens gesucht

Nun bin ich alt
wie die Tapeten meines Schlafzimmers
und trage in mir die Antworten
von tausenden Fragen
wie die
Kerne eines Granatapfels

Aber seit langem hält die Sonne zu mir jeden
Tag
etwas mehr Abstand

Bevor sich die Sterne ebenfalls
von mir entfernen

möchten die Wörter aus der Bibliothek

meines Gedächtnisses

freigesprochen werden

da ich nun bereit bin, weiterzugehen

Immer wenn ich an Dich denke

Immer wenn ich an Dich denke
gibt es Regen in meiner Einsamkeit

danach scheint die Sonne
blühen die Blumen
kommt der Frühling

und Du gehst deinen Weg
sowie ich meinen

es ist Winter

der letzte Tag im Dezember

es ist dreiundzwanziguhrneunundfünfzig

deine Stimme in meinen Ohren

deine Augen auf meinem Körper

das Morgenrot auf meinen Lippen

ich glaub, ich bin betrunken

lass uns tanzen

Der Weg

Ich würde nicht sagen, geh nicht, niemals
würde ich es
sagen
Du würdest sowieso gehen, ohne
zurückzuschauen, ohne darüber
nachzudenken
Du würdest einfach weiter gehen und immer
weiter
Du würdest nicht an Deine Familie denken,
nicht an Deine
Freunde, an mich, oder die Orte, die für Dich
eine hohe
Bedeutung hatten

Vielleicht würdest Du kurz darüber
nachdenken, oder sogar
auch etwas vermissen
Vielleicht würdest Du auch ein wenig Sehnsucht
verspüren,
aber Du würdest einfach weitergehen

Weitergehen, ohne daran zu denken, dass auch

jemand Dich

vermissen könnte

Du würdest neue Wege, Städte, Berge und Flüsse

sehen und

neue Freunde kennenlernen

Vielleicht würden auch sie Dich lieben

und vergessen lernen, aber Du würdest mit

ergrautem Haar

weiter Deiner Wege gehen

Aber irgendwann würdest Du verharren;

Dein Körper könnte die Last nicht mehr tragen

und

das geschähe vielleicht auf einem Berg

Dort würdest Du Dich vielleicht von Deiner

Vergangenheit

verabschieden und

kurz auf Dein Leben zurückblicken

und mich am Ende mit Dir nehmen